FÉLIX GAUDIN

DE SAÏDA A MÉCHÉRIA

ET AUX KSOURS

(Excursion dans le sud Oranais)

CLERMONT-FERRAND

TYPOGRAPHIE ET LITHOGRAPHIE G. MONT-LOUIS

Rue Barbançon, 1 et 2

—

1887

DE SAÏDA A MÉCHÉRIA ET AUX KSOURS

(EXCURSION DANS LE SUD ORANAIS)

Par Félix GAUDIN

SOMMAIRE

Les hauts plateaux et la région Ksourienne du sud Oranais n'ont été jusqu'à ce jour que peu visités par les touristes. Une excursion que j'y ai faite au mois de mai 1886, avec deux gais et intrépides compagnons, m'a permis de constater qu'on délaissait bien à tort ce curieux pays, d'un accès absolument facile et tout plein de beautés de premier ordre.

Le tableau ci-dessus résume les grandes lignes de notre itinéraire. Je me suis efforcé de le compléter par quelques notes prises à la hâte que l'on trouvera plus loin. Puisse ce modeste travail être de quelque utilité à mes chers collègues et inspirer à certains le désir de vérifier la valeur de mes renseignements.

Je n'ai gardé de cette excursion que des souvenirs gais et agréables, sans l'ombre d'une déception; je ne saurais cependant recommander un tel voyage qu'à ceux qui, solides, bien entraînés et philosophes, recherchent avant tout l'imprévu et acceptent gaiement le cortège de tribulations qu'il traîne avec lui.

Réduire au minimum notre bagage, faire ample provision de belle humeur, pratiquer en toutes choses l'éclectisme le plus complet, tel avait été notre programme au départ.

Nos moyens de locomotion ont été d'une absolue variété. Voitures suspendues ou haquets pesants, chevaux de troupe vites et bien allants, mules rétives et endormies, rosses indigènes harnachées à la diable, nous avons toujours accepté avec empressement ce que nous trouvions, comblant par des trajets à pied, parfois notables, les lacunes entre deux chevauchées.

Partis sous l'égide d'une colonne de ravitaillement, nous marchions ensuite avec la seule escorte d'un guide indigène, l'abandonnions plus tard pour faire route avec des convoyeurs espagnols; enfin, enhardis par d'heureux débuts, nous nous lancions un jour dans la plaine immense, seuls, à pied, sans autre guide que notre confiance en nous : expérience qui nous a peu réussi, et que nous ne recommanderons pas.

Nous avons trouvé partout le vivre et le couvert, non pourtant sans quelques vicissitudes. Si tel jour nous devions faire honneur aussi bien à l'excellente cuisine française de nos hôtes qu'aux diffas et aux cafés de l'hospitalité arabe, tel autre nous faisions nos délices d'un festin où le pain, l'eau douteuse et un cran à la ceinture étaient tout le menu.

Il nous est arrivé de coucher dans de vrais lits , mais jamais nous n'y avons mieux dormi que sous la tente, sur notre sommier habituel d'alfa et de cailloux, avec nos fusils pour traversin.

On ne peut guère, en Algérie, voyager sans quelques recommandations militaires ; dans le Sud Oranais la chose me paraît tout à fait impraticable.

Mais, en revanche, quel charmant accueil vous trouverez dans tous les endroits où quelques attaches avec la garnison vous auront donné accès ! Je ne saurais dire avec quelle cordialité les officiers de toutes armes nous ont partout accueillis, hébergés, pilotés, choyés. Je dois, faute de place, renoncer à citer ici le nom de tous nos aimables hôtes. Qu'ils y trouvent du moins l'expression des remerciements et de la reconnaissance du trio de touristes dont ils furent la Providence.

Après les neuf heures de chemin de fer qui séparent Oran de Saïda, neuf heures de chaleur torride et de poussière à outrance, nous retrouvons avec un singulier plaisir le plancher des vaches et l'usage de nos jambes. Mais d'abord il faut sortir de la gare, et ce n'est pas sans un pugilat en règle que nous traversons la gent déguenillée qui en défend les abords. Grâce à quelques énergiques bourrades, parfois appuyées de la canne, nous parvenons à arracher à tous ces officieux notre minuscule bagage, et nous voilà dans la reine des Hauts-Plateaux.

Si ce n'est point encore une opulente capitale que Saïda (altitude 880^m), c'est du moins une toute charmante petite ville, gracieusement assise au pied de la falaise des Hauts-Plateaux, fraîche et pimpante dans la plaine ombreuse.

Outre le bordj de rigueur, on y trouve de larges rues bien tracées, plantées d'arbres et égayées par des ruisseaux à l'onde claire et courante ; quelques édifices publics ; mosquée, bureau arabe, marché couvert d'un style agréable, des magasins à l'européenne, pourvus et achalandés, des hôtels parfaitement confortables et jusqu'à un théâtre. C'est vraiment plaisir que de parcourir cette aimable cité qui témoigne, par son animation gaie et son activité sans fièvre, d'une honnête et durable prospérité.

En effet, Saïda, qui date de trente ans à peine, ne cesse de prendre de l'importance, et sa position toute privilégiée, aux confins du Tell et de la montagne, dans un pays fertile et salubre, lui assure un brillant avenir.

Quand de la ville nous passons aux suburbains, nos impressions changent brusquement. Ce qu'on appelle le village nègre, c'est-à-dire le quartier indigène, fait pitié à voir. Qu'on imagine un ramassis de sales gourbis en terre et en feuillages, vraies tanières à fauves où grouille dans la crasse et la vermine toute une population de loqueteux. Le spectacle est empreint d'une couleur par trop locale, et bien vite nous le quittons pour nous remettre le cœur par l'aspect délicieux de la campagne.

Quelle fraîcheur partout, et quelle vigueur de végétation dans ces arbres touffus, dans ces agaves énormes dardant vers le ciel, comme des asperges gargantualesques, leurs hampes à fleur !

Mais il se fait tard, nous allons dîner, puis, en attendant l'heure du sommeil, nous installer au café-théâtre, où, pendant que fume notre mazagran, nous assistons, devant le rideau baissé, à la répétition de la pièce du lendemain, divertissement plus bizarre que vraiment agréable.

I

Le lendemain, debout de bonne heure, nous assurons nos vivres pour la journée, faute de buffet en perspective, et après un dernier coup d'œil à Saïda qui s'éveille, nous sommes en wagon. Bientôt la locomotive gravit tout en haletant la courbe magistrale par où l'on escalade la falaise, et en moins d'une heure nous sommes à Aïn-El-Hadjar (altitude 1024^m).

C'est là que la Cie Franco-Algérienne, repoussée de Saïda par les prétentions des propriétaires de terrains, est venue s'installer pour avoir les coudées franches. L'emplacement était agréable, fertile, bien arrosé, et en un rien de temps, autour des remises à wagons et des ateliers de la Cie, toute une ville d'employés avait surgi. Malgré son éclosion rapide, cette petite colonie est d'un aspect charmant avec toutes ses maisonnettes blanches semées dans des jardinets en fleurs. La population, mélange des sangs espagnol, français, marocain, est digne du cadre où elle se meut, et j'en recommande l'étude aux amateurs d'ethnographie.

Le train repart après quelques instants d'arrêt, et nous longeons une belle ferme en tous points digne du Tell, avec ses vastes bâtiments et ses cultures que l'on voit ondoyer au vent jusqu'à perte de vue. Saluons-la bien vite au passage, c'est la dernière que nous devions voir de longtemps. Le pays maintenant change rapidement d'aspect; plus de ruisseaux, de collines, de bois, le sol est plat, monotone, la végétation rare et la taille des plantes diminue. Les fenouils ne sont plus ces beaux arbres que nous admirions hier, mais de modestes arbrisseaux qui bientôt disparaissent, et nous n'apercevons plus que quelques palmiers nains, et les touffes régulières et innombrables d'une sorte de grand roseau fleuri. Nous voilà dans le domaine de l'alfa.

L'alfa! On ne se doute guère à voir cette modeste plante, des services qu'elle rend et des emplois qu'on lui donne. Fourrage, l'alfa nourrira la plupart des animaux du pays; coupé frais, il fera une couche saine et odorante; tressé, il se transformera en paniers, en chapeaux, en claies, en tapis, en tresses et cordages, en ces mille et un riens que l'Arabe excelle à fabriquer. Il se prêtera aux usages les plus inattendus : Débitée en tronçons, sa tige ira en Allemagne former l'âme des cigares ; fendue en brindilles, elle fera des cure-dents recherchés. Enfin, et ce fut là sa grande valeur commerciale, ses fibres donnent un excellent papier particulièrement prisé en Angleterre.

On peut dire que, dans ce pays misérable, quand l'alfa va, tout va. Malheureusement l'alfa ne va plus depuis quelque temps, et nous voyons en arrivant à Kralfallah, des preuves frappantes de cette crise.

Kralfallah (altitude 1109^m), fut jadis le centre le plus important de l'exploitation de l'alfa, et la Compagnie Franco-Algérienne y avait créé d'importantes installations. D'immenses hangars ne suffisaient pas à recevoir tous les arrivages que chameaux, bourricots et indigènes amenaient à l'envi ; de nombreuses presses travaillaient sans relâche à réduire la plante en balles pressées et régulières, qui formant des trains complets étaient sans cesse expédiées sur Arzew.

Rien, hélas ! ne subsiste aujourd'hui de cette activité d'antan, si ce n'est d'immenses approvisionnements qui attendent preneur, et tout un splendide matériel que les intempéries dévorent à belles dents.

Parmi ces ruines, il en est une de particulièrement navrante, celle du joli petit chemin de fer aérien dont les rails devaient rayonner au loin pour la cueillette de l'alfa, et drainer vers Kralfallah toute la production des environs. Le pauvret est mort dans l'œuf, et de toutes parts ses débris jonchent le sol. Ici, quelques wagonnets perchés sur leur rail, montrent encore leur élégante silhouette. Tout près, la voie brisée, tordue, convulsée comme par un incendie, se relève de toutes parts menaçant le ciel de ses innombrables bras. Plus loin enfin des kilomètres de rails et de supports en tas bien comptés, symétriquement classés et alignés, se rouillent dans l'ombre et le silence, pendant que — singulière ironie du sort — l'alfa qu'ils devaient dévorer, les envahit de toute part et les enveloppe comme d'un linceul de verdure.

Kralfallah ne conserve quelque importance qu'à cause du transit assez considérable avec Géryville, dont il est la station nourricière.

En quittant Kralfallah, nous faisons pendant près de quinze lieues, connaissance plus intime avec la plaine et l'alfa, et traversons cette région qu'avec beaucoup de justesse on a baptisée la mer d'Alfa. Nous commençons même à trouver que plus ça change, plus c'est la même chose, quand de monotone qu'il était, le pays devient aride et désolé. Nous approchons de la région des grands chotts Ech-Chergui, qui commencent à se révéler, tantôt par des flaques d'eau à perte de vue, tantôt par des plaines de sable brillant, auxquelles le soleil dans toute sa force, donne un éclat insoutenable. Par instants le mirage nous berce de ses bizarres et décevantes images, mais il aurait en vérité trop à faire pour donner à cette plaine déshéritée un aspect supportable. Après quelques kilomètres de ce spectacle aussi pénible qu'uniforme, nous arrivons vers deux heures après midi au Kreider, la digne capitale de ces landes désolées.

Le Kreider (altitude 988^m), point stratégique important, clef de la région des chotts, séjour d'une importante garnison et centre d'un réseau de télégraphie optique (vers Tlemcen, Géryville, Méchéria), fut depuis longtemps l'objet des soins de l'Administration. Mais tous les efforts tentés pour faire de ce purgatoire un lieu habitable ont échoué devant les résistances de la nature. Les maisons s'y lézardent pendant qu'on les construit, pour crouler aussitôt achevées; les arbres s'y dessèchent à peine plantés, et toutes les rues ou avenues se composent encore d'un simple tracé dans le sable brûlant, jalonné par des manches à balais.

Un arrêt assez long nous donne le loisir d'apprécier jusqu'où va l'horreur d'un tel séjour, et nous le recommandons aux amants du pessimisme ou aux poètes tragiques en mal de lamentations. Tout près de la gare nous visitons une curiosité naturelle, une source chaude (20°), assez abondante pour donner naissance à un véritable ruisseau dans lequel pullulent des myriades de poissons minuscules.

Nous n'aurons pendant le reste du jour que la continuation à satiété de ces mêmes spectacles sable et chotts pendant quelques lieues, puis l'alfa, l'alfa, l'alfa. La seule chose qui attire parfois notre attention est la rencontre des gourbis, redoutes ou travaux divers, vestiges de l'expédition Négrier. Rien n'a encore trop souffert du temps, et n'était la disparition des toits, planchers, portes, fenêtres, etc., bien vite enlevés dans ce pays où le bois d'œuvre vaut de l'or, il semblerait que cela date d'hier. Au reste, sauf l'alfa pacifique, tout dans les œuvres de l'homme à mesure que l'on avance vers le Sud, rappelle la guerre. Toutes les stations sont fortifiées et pourvues d'un mur d'enceinte, de manière à fournir au besoin un sérieux appui en cas d'insurrection. Les créneaux et barbacanes, les réservoirs blindés, les lourdes portes en chêne, donnent à ces petits édifices un caractère pittoresque et guerrier, que vient atténuer quelque peu l'inévitable buvette, épicerie, bazar, dont ils sont généralement flanqués, pour le bonheur des voyageurs et des nomades.

Entre temps, nous nous laissons aller à une douce sieste, mollement étendus sur les coussins de notre wagon; et songeons que bientôt nous voyagerons avec moins de confortable. Il faut rendre à la Compagnie Franco-Algérienne cette justice, que malgré la nature du sol et du climat, malgré la hâte avec laquelle ce tronçon a dû être construit, le fonctionnement général des services est aussi bon que possible. On n'a point en effet langui pour l'exécution de cette ligne, que des raisons stratégiques rendaient urgente. Le prolongement jusqu'à Méchéria de la ligne d'Arzew à Modzbah fut décidé le 29 juillet 1881 ; dès le 7 août l'on était à l'œuvre, et le 27 septembre la locomotive arrivait au Kreider, ayant franchi 35 kilomètres en 52 jours ; le 13 septembre on était à Bir-Sénia ; enfin, après une interruption de 70 jours imposée par la mauvaise saison, les travaux étaient repris, et le 2 avril 1882 on arrivait à Méchéria, ayant construit et livré en 239 jours 115 kilomètres de voie.

La largeur de 1^m10 adoptée pour l'écartement des rails, semble très-suffisante pour le trafic normal de la ligne ; les wagons sont propres, légers, bien suspendus et parfaitement compris pour le climat; le service se fait avec une régularité que nous n'avons pas toujours rencontrée sur certains réseaux de France ; enfin le personnel est poli, bien discipliné, et nous ne saurions lui reprocher qu'un zèle exagéré pour le contrôle des billets, grâce auquel nos tickets du matin sont bien vite transformés en guipure.

La station d'El-Biodh à laquelle nous arrivons bientôt, est célèbre sur tout le réseau depuis que le chef de gare par des soins aussi assidus qu'intelligents, est parvenu à acclimater quatre arbres. Nous ne manquons pas naturellement d'aller visiter cette merveille. Nous approchons du but, et déjà nous voyons se dessiner au loin la masse encore confuse du Djebel-Antar.

II

Méchéria! tout le monde descend, clame l'aboyeur de la Compagnie. En voyageur soumis j'obéis aussitôt mais, par Allah, quel singulier terminus! Je vois bien un vaste campement de nomades, quelques maisons pêle-mêle et du côté de l'Antar, les toits rouges du bordj; mais en vérité tout

cela peut-il bien constituer une tête de ligne ? J'ai déjà
dans les deux mondes vu et pratiqué de singuliers chemins
de fer : en Tunisie le Decauville Sousse-Kairouan où en
20 kilomètres j'ai déraillé sept fois ; en Louisiane pendant
les inondations du Mississipi les trains amphibies roulant
à toute vapeur avec de l'eau par-dessus les essieux ; au
Texas ou dans l'Arizona les sections nouvelles où mainte
station se composait d'un poteau au nom de la ville à
naître. Mais toutes ces lignes pour bizarres ou dangereuses
qu'elles étaient avaient du moins des aboutissants sérieux ;
ici je cherche en vain des raisons quelconques au choix du
terminus.

A peine débarqués nous trouvons les parents que nous
venons voir et nous voilà aussitôt en route pour Méchéria-
ville. Tout d'abord nous apprenons que le rassemblement
de tentes, de chevaux, de troupeaux que nous apercevons
est tout anormal et dû au concours des cheiks, caïds et
fonctionnaires de tout rang accourus de toute part pour
saluer après demain le général Delebecque.

Outre la gare et le bureau arabe que nous laissons
derrière nous, Méchéria (altitude 1,158^m), se compose d'un
coquinville et d'un grand bordj.

Un coquinville — l'appellation est si juste et pittoresque
qu'on l'applique à toutes les agglomérations du même
genre — est le repaire de cette meute ardente de pour-
voyeurs cosmopolites qui partout et toujours ont exploité
le faible du troupier pour « le vin, l'amour et le tabac » lui
débitant à chers deniers du vert-de-gris en bouteille, des
cigares de chou et..... le reste à l'avenant.

Des baraques branlantes pour le commun des traitants,
quelques pseudo-maisons en terre blanchie pour les hauts
barons du mercantilisme, le tout disséminé sans alignement
ni symétrie, selon le goût particulier ou la fortune des
constructeurs, voilà un coquinville. A noter le luxe
invariable et la dimension des enseignes pompeuses ou

burlesques : l'hôtel Continental devant lequel nous arrivons voisine avec le café Anglais et celui des Abrutis, et les trois réunis n'ont pas 15 mètres de façade.

Le bordj dans lequel nous entrons après quelques centaines de pas est, aux dimensions près, semblable à tous les autres bordjs. Qu'on imagine un vaste rectangle clos de murs entouré de fossés, avec des bastions aux angles et une porte au milieu de chaque face. Dans l'intérieur, une série de bâtiments découpe l'espace en rues perpendiculaires. Ce sont des casernes avec leurs accessoires, cuisines, prisons, écuries, de vastes magasins pour les approvisionnements, une boulangerie, un hôpital, une chapelle, enfin des maisonnettes pour les officiers, un cercle et le bureau des postes et télégraphes avec sa caisse d'épargne. Quelques jardinets souffreteux, des enclos où des animaux du pays, gazelles, outardes, ouranes sont en train de ne pas s'acclimater, sont tout ce qui rompt la monotonie de cet éden militaire.

Il était à peine jour et nous dormions à poings fermés quand le crépitement d'une fusillade et une explosion de hurlements sauvages nous jette à bas du lit. Que se passe-t-il donc dans la plaine ? Moins que rien en vérité ; ce sont Messieurs les Arabes qui font parler la poudre et préludent par des fantasias d'essai aux grands divertissements des jours à venir.

Puisque nous sommes debout, allons voir de près cette gent bruyante et remuante. Assez volontiers nous visiterions les tentes, mais comme il y a des femmes dans la plupart il nous faut remettre à meilleure occasion le soin de satisfaire notre curiosité. Le spectacle que nous trouvons au dehors est du reste suffisamment varié et intéressant pour que nous n'ayons rien à regretter. Nous trouvons réunis en effet les types les plus variés de l'Arabe depuis le cheik magnifique, couvert d'étoffes précieuses, superbe de prestance et portant avec une rare dignité la

rosette de la Légion d'honneur jusqu'au mesquine — tiré
à nombreux exemplaires — que de mauvais haillons
couvrent à peine.

Tout est à la joie au moment de notre arrivée, le bureau
arabe a distribué de la poudre et pendant quelques heures
quiconque possède un cheval et un fusil va s'enivrer de
volupté. La poudre ! que ne ferait pas pour en avoir toute
cette foule de grands enfants ; galoper, crier, fusiller
l'espace et recommencer, n'est-ce point là le comble du
bonheur ?

En face de quelques graves vieillards, — les juges du
camp — voici un peloton qui se forme. D'abord il prend
du champ, et s'aligne au loin puis, au signe de son chef il
s'ébranle lentement d'abord, les hommes corrects et alignés,
la mekhala haute ; bientôt l'allure se précipite... au galop
maintenant, joue ! feu !... Un tourbillon de chevaux, un
envolement de burnous, de fusils, passe sous nos yeux
dans un nuage de fumée et un tonnerre de détonations, et
les voilà à quelques pas, arrêtant court et cabrant sans
pitié leurs vaillantes et infortunées montures. De temps en
temps on culbute bien quelque spectateur, on défonce une
tente, on assomme un cheval, mais ce sont vétilles que
cela et le divertissement n'en reprend que de plus belle.

A contempler ces escarmouches de détail, quatre contre
quatre, dix contre dix, vingt contre l'espace, nous prenons
un plaisir extrême ; plus grand le croirait-t-on qu'à voir
telle grande fantasia où tout en somme est réglé d'avance
et où l'imprévu et le caprice n'ont qu'une moindre
part.

Le déjeuner expédié nous montons à cheval et en peu
de temps nous franchissons par une bonne route les
18 kilomètres qui séparent Méchéria de Tou-Hadjer.
Qu'est-ce que Tou-Hadjer ? est-ce une ferme, une usine,
une caserne ? C'est un peu tout cela et bien plus encore.

Il y a moins de deux ans, Tou-Hadjer ne se faisait

remarquer que par quelques pierres et une source assez abondante alimentant une petite sebkha. Un jour, un détachement de disciplinaires, sous la conduite de M. le lieutenant Ruddolt, venait s'y installer et en un rien de temps on voyait s'élever des casernes, se tracer un jardin, se planter une pépinière, se construire un four à chaux et une tuilerie-briqueterie. L'homme qui créait ainsi cette colonie n'avait cependant ni argent, ni matériaux appropriés, ni renseignements techniques, ni ouvriers habiles ; il avait mieux que tout cela, une énergie peu commune et la ferme volonté de réussir. Aujourd'hui il doit être fier dans ce petit domaine que son industrieuse initiative a tiré du néant, non que son établissement brille par un luxe asiatique, mais il est en pleine prospérité et rien d'utile n'y fait défaut.

Les bâtiments d'habitation et d'exploitation disposés avec intelligence constituent un ensemble qui déjà très-respectable peut en un clin d'œil être mis en état de défense. Les murs en terre, les toits en branchage enduit de terre sont si bien entretenus, si soigneusement blanchis à la chaux qu'on jurerait de la pierre. Que si l'on pénètre dans l'intérieur l'impression n'est pas moins agréable, tous les locaux sont grands, clairs, bien aérés, tenus avec une propreté flamande ; parmi les annexes la cuisine et les salles de discipline sont particulièrement bien installés. L'art d'accommoder les restes a été partout pratiqué avec une habileté qui touche au génie et rien n'est curieux comme de voir le parti qu'on a tiré dans la construction des vieilles boîtes à conserves, des caisses à biscuits, des bandelettes de tôle et de ces mille accessoires d'emballage que d'ordinaire on rejette avec dédain. L'atelier est une des choses les plus curieuses qu'il soit possible de visiter et la plupart des outils qui le meublent pourraient être attribués à une civilisation d'il y a quelques vingt siècles. Dans la basse-cour, les étables, les porcheries, on voit s'ébattre tout un monde d'animaux dont l'aspect témoigne d'une santé à toute épreuve. Les jardins et la partie industrielle de l'établissement, four à chaux et briqueterie ne sont pas moins intéressants et moins bien disposés, et nous aurions grand plaisir à prolonger longtemps notre visite à Tou-Hadjer comme on nous y invite très-gracieusement si l'heure ne nous pressait de rentrer au plus vite à Méchéria que nous regagnons par le même chemin qu'à l'aller.

Après le dîner nous allons faire une petite promenade pour jouir de la fraîcheur et tout en devisant nous admirons le panorama qui se déroule devant nous. Au loin, la silhouette puissante du Djebel-Malha découpe ses masses sombres sur le ciel empourpré, et sur la vaste plaine le coucher du soleil verse ses flots d'or pâle. Décidément il y a dans la plaine un attrait et un charme que nous ne soupçonnions pas et que nous comprendrons mieux à mesure que nous la pratiquerons davantage.

III

Notre programme pour aujourd'hui est un véritable programme d'alpinistes. Nous devons, après avoir gravi l'Antar et suivi quelque temps son faîte, descendre dans la plaine de l'autre versant et revenir tout en chassant jusqu'au col du Chameau où nous trouverons à déjeuner.

Dès l'aube, nous voilà en route, le fusil sur l'épaule, et nous profitons des heures encore fraîches pour escalader les pentes raides et rocailleuses de la montagne. Ce n'est pas sans un plaisir réel que nous trouvons autre chose que de l'alfa, des buissons d'abord, puis quelques petits arbres, malheureusement un peu entamés par le voisinage de la garnison. De-ci de-là, nous apercevons dans le rocher des suintements assez abondants d'une eau ferrugineuse et supposons que si un jour les sources de

Mechéria devenaient insuffisantes, il serait facile de trouver là un sérieux appoint pour l'alimentation du camp. Sans autre incident que quelques coups de fusil aux perdreaux, nous atteignons le sommet de l'Antar et le poste de télégraphie optique qu'on y a installé. Tout le monde sait les services que rend en temps de guerre la télégraphie optique. Dans ce pays sauvage elle est employée en permanence et les principales garnisons sont reliées entre elles par un réseau de postes optiques solidement construits et pourvus de puissants appareils. Il semblerait que dans ces vastes plaines le fonctionnement dût être parfait; il n'en est rien cependant, et si !es organes en sont à l'abri de la malveillance, les brumes et certains états particuliers de l'atmosphère viennent trop souvent paralyser les communications.

Après une légère halte, une visite à la chambre des appareils, nous suivons les crêtes de l'Antar pendant quelques kilomètres. Puis, comme le gibier est rare et la marche difficile, nous nous décidons à gagner la plaine qui s'étend à perte de vue au delà du versant oriental; elle nous a été signalée comme particulièrement giboyeuse.

Pendant la descente que nous effectuons chacun par la voie qu'il croit la meilleure et non sans accrocs au drap et à la peau, je gagne sur mes compagnons une avance assez notable. Pour passer le temps, je me mets à chercher des insectes, abandonnant pour un instant mon fusil et tout mon harnais de guerre. Fatale inspiration! un bruit me fait lever la tête et je vois à quinze pas à peine un superbe mouflon qui, à pas comptés, s'en va vers la montagne en suivant le lit desséché d'un ruisseau.

Le temps de sauter sur mon fusil, parfaitement désarmé du reste et l'animal a disparu; il est bientôt hors de vue et je me lasse de la poursuite que j'avais à tout hasard entamée de son côté. Notre petite troupe ralliée, je raconte ma mésaventure et nous prenons tous l'engagement d'être moins... jeunes, au premier mouflon que nous rencontrerons. Nous nous mettons alors sérieusement en chasse et constatons avec plaisir qu'on n'a pas exagéré en nous promettant une ample récolte. La plaine est si riche que, malgré mon inexpérience complète, j'arrive bien vite à avoir une besace remplie. Après quelques heures consacrées à une extermination consciencieuse, nous constatons unanimement qu'il fait grand chaud, grand faim et grand soif et, renonçant pour l'instant à augmenter notre butin, nous nous dirigeons à grands pas vers le col du Chameau par où nous devons retraverser l'Antar.

Tout affamés que nous sommes, le caractère insolite et grandiose du paysage nous saisit et se grave dans notre souvenir en caractères inoubliables. La végétation a disparu et nous nous trouvons dans un immense cirque cratériforme dont les pentes s'élèvent tapissées de pierres blanches et aiguës qui brillent au soleil. On dirait qu'une prodigieuse mâchoire de requin nous enserre de toute part et s'apprête à nous écraser de ses innombrables dents. A grandes enjambées nous nous arrachons à la gueule du monstre et faisons hâte du côté du déjeuner.

Pendant qu'arrivés au col du Chameau (célèbre par la fuite de Bou-Amema) nous déchiffrons une inscription en excellent style lapidaire, souvenir du passage de la colonne Colonieu, nous entendons quelques coups de fusil qui résonnent joyeusement à nos estomacs, car ils nous annoncent le déjeuner. Encore quelques minutes et nous arrivons avec un plaisir non déguisé au lieu du rendez-vous.

Après sept heures de marche en terrain plus que varié, c'est une vraie volupté que de s'allonger sur l'herbe et d'y rêvasser. Aussi je gagne sournoisement le dessous d'une voiture, seul endroit ombreux que j'aperçoive, et là, mollement étendu pendant que de blanches mains battent l'omelette et disposent le déjeuner, je récapitule mes prouesses de la matinée.

J'ai vu un mouflon, manqué six perdreaux, tué pour de bon deux vipères, quatre lièvres et demi et toute une brochette d'oiseaux assortis.

Le beau terrain de chasse en vérité et comme je comprends bien que notre immortel collègue Tartarin (de la sous-section des Alpines) ait choisi l'Algérie pour théâtre de ses exploits cynégétiques! C'est plaisir de voir le pullulement d'êtres de toute sorte qui s'ébattent dans l'alfa. Sans parler des animaux domestiques, chameaux, vaches, chèvres, moutons dont les troupeaux serrés tondent la plaine, quelle variété partout et quelle abondance! Mouflons, sangliers, aurochs, gazelles, chacals, hyènes, lynx, renards, lièvres, lapins, porcs-épics, furets, ichneumons, gerboises, outardes, cigognes, oies, canards, perdreaux, cangas, pluviers, aigles, faucons, pies-grièches, ramiers, cailles, grèbes, chasseurs d'Afrique, geais multicolores, alouettes et bergeronettes, vous avez le choix, et si vous avez bon fusil, bon courage et le jarret à l'avenant, bien vite vous ploierez sous le poids de votre carnassière.

Que si d'humeur plus pacifique, le seul désir d'enrichir votre collection ou d'étudier sur le vif maint animal bizarre vous séduit, il n'y a qu'à vous baisser et à ramasser. Tortues, caméléons, couleuvres, ouranes, lézards de palmier et de sable, scorpions, vipère céraste et vipère zoreg, se disputeront l'honneur de votre capture.

Cette touffe d'alfa fouillez-la ; tout un monde de petits êtres va en sortir : sauterelles de toutes couleurs, fourmis laborieuses, cincidèles tachetées, bousiers et stercoraires de toute taille et de tout vêtement. Et l'on traite de désert cette admirable plaine où chaque buisson cache un nid, chaque pierre une colonie, chaque touffe d'herbe un peuple de bestioles !

Êtes-vous botaniste, vous ne ferez pas moindre cueillette, et si de prime abord les plantes ne vous ont point frappé par leur taille élevée, vous serez dédommagé par l'étonnante variété que comporte la flore du pays non moins que par les modifications que l'altitude, le sol et le climat ont fait subir à nos plantes d'Europe. Toutefois, si vous désirez orner votre herbier de sujets de choix frais et complets, quelques recherches vous seront nécessaires pour trouver une réserve encore respectée par la dent du chameau, ce faucheur impitoyable, cet ennemi-né de toute végétation.

Mais tout est prêt, nous dit-on ; bientôt nous sommes réunis autour d'un solide déjeuner à la confection duquel l'un des nôtres a collaboré avec un si remarquable talent, qu'à l'unanimité nous le bombardons cuisinier titulaire de l'expédition. En un rien de temps les vivres ont disparu et il ne reste que les assiettes vides, aussitôt réintégrées dans les cantines. Nous reprenons alors le chemin de Méchéria, d'abord à pied, cherchant dans les buissons quelques nouvelles victimes ; puis, comme le soleil devient pénible en même temps que le gibier se fait rare, nous nous laissons facilement convaincre que la voiture a quelquefois du bon et nous regagnons le bordj au trot allongé de nos mules. L'après-midi s'avance du reste et nous n'avons que le temps de faire quelques visites indispensables et de terminer nos préparatifs pour le départ de demain.

IV

A la pointe du jour, nous prenons congé de nos hôtes. Vite en selle, l'étape sera longue. Pour débuter nous faisons route avec un convoi d'aimables artilleurs grâce auxquels nos personnes et nos bagages pourront aujourd'hui, doublant l'étape ordinaire, aller de Méchéria à Méguetha-ed-Deli. D'allures vives, il n'en sera pas question, et nous commençons l'apprentissage de ces interminables chevauchées au pas ralenti, qui sont le mode de voyager le plus ordinaire. Les distractions sont rares le long du chemin, mais nous ne sommes pas difficiles. L'un de nous pour ajuster ses lunettes, abandonne les rênes de sa mule aussitôt agenouillée, et voilà notre homme à trois pas devant sa monture à plat ventre dans le sable, s'escrimant rageusement contre son burnous qui l'enveloppe et l'aveugle. Cela ne ravit point la victime, mais du moins la bonne humeur générale y trouve son compte. Il faut bien réagir contre la chaleur qui est terrible aujourd'hui et contre le sommeil auquel nous invitent le bercement de nos mules et la monotonie du chemin. La lumière aussi est bien fatigante, et, malgré nos verres fumés, son intensité nous éblouit et nous énerve. Par instants nous mettons pied à terre plutôt pour nous secouer que pour faire grand mal au gibier.

Nous suivons, paraît-il, une des belles routes du pays. On ne s'en douterait guère n'était l'apparition régulière des bornes kilométriques et quelques traces de roues ou de chevaux. A part cela, c'est encore et plus que jamais l'alfa des jours précédents, ou bien dans les parties plus pauvres, de vastes plaques d'armoises et d'oyat.

En somme, absence complète d'incidents ou d'aspects nouveaux, et c'est avec enthousiasme qu'un peu avant midi nous saluons les puits de Naamâ où nous devons faire halte.

Pendant que les cantines s'ouvrent et que le feu s'allume, nous examinons les curiosités du lieu. Dans une région où les points d'eau sont toujours distants de 6 à 8 lieues, leur importance stratégique est considérable. Outre qu'ils sont en tout temps les seuls gîtes d'étape possibles, leur possession assurée paralyserait en cas d'insurrection toute défense de l'ennemi. On a donc pourvu chaque puits ou groupe de puits d'une petite redoute qui facilite le campement, et qui, si l'on devait faire le coup de feu, deviendrait une défense efficace. Quatre murs en terre forment une enceinte pour les chevaux et le bétail, et, dans un coin, une maisonnette caravansérail offre un abri à qui ne possède pas de moyens de couchage ; presque toujours les puits sont en dehors de cette enceinte, assez près cependant pour rester sous son feu.

Il n'y a point d'arbres à Naamâ malgré la présence de l'eau, mais seulement quelques broussailles ; on nous promet pour le gîte de ce soir un peu plus de verdure. Nous trouvons là une vieille mégère très-occupée à laver des peaux à la mode arabe — pas si sotte ma foi — en les frappant à grands coups de pied et les retournant avec l'adresse d'un quadrumane. Deux moutchachous qui l'accompagnent viennent nous demander un « tit sou. » J'y ajoute généreusement un morceau de ficelle pour remplacer leur costume oublié le matin. Nous touchons à cet endroit à une vaste sebkha qui se fait remarquer pour l'instant par des effets de mirage extraordinaires, et nous montre sous les formes les plus bizarres les tentes d'un douar installé tout auprès.

Après un déjeuner rapide, nous repartons sur des montures fraîches, et poursuivons notre itinéraire avec une régularité qui devient irritante. En vain nous nous écarquillons les yeux pour voir quelques-unes de ces autruches qui donnèrent leur nom à Naamâ, aucune n'apparaît, et force est de nous rabattre sur le gibier prosaïque qui du moins ne manque pas.

La nuit est encore loin lorsque nous arrivons à Méguetha-ed-Deli, et nous en profitons pour faire quelques petites reconnaissances aux environs de notre campement. Ici le pays est un peu plus intéressant, d'abord il y a des arbres, notamment une pépinière d'acacias, chose admirable, si l'on songe qu'il faut faire quinze lieues pour venir l'arroser ; un peu plus loin, dans le lit d'un oued, nous trouvons comme dans tout oued qui se respecte, non pas de l'eau, mais d'immenses files de lauriers-roses en fleur.

Placée sur une petite éminence, accompagnée d'arbustes
verts, la redoute a tout à fait bon air avec sa maisonnette
blanche. Nous allons y faire un tour, car elle est pleine
de troupiers de toutes sortes, dont l'animation est fort
amusante. Mais nous n'avons garde d'entrer dans l'abri
laissant charitablement aux spahis qui y sont installés le
soin de nourrir sa garnison permanente de kanguroos (1)
et autres amis trop intimes de l'espèce humaine.

C'est à côté de l'installation de nos artilleurs que nous
établissons notre campement. Pendant que sous l'œil de
notre Vatel nos victimes de la journée se transforment en
un succulent rôti, nous dressons notre tente et organisons
notre lit, un épais sommier de cailloux sous un matelas
d'alfa.

La chaleur ne nous ayant nullement coupé l'appétit,
nous attaquions vigoureusement le plat de résistance, quand
survient une fort aimable visite et l'invitation d'aller souper
chez un riche khalifat, dont on aperçoit la tente à quelques
cents pas. L'occasion de connaître l'hospitalité arabe dans
toute sa vérité, était trop tentante pour que nous hésitions un
instant. Aussi provisions et ustensiles étaient-ils vivement
réintégrés, et un quart d'heure après, avec notre dignité la
plus orientale, nous échangions sous la tente du khalifat
les salamalecs de bienvenue. Puis étendus sur le tapis de
haute laine, nous voyons défiler couscous, méchui, fruits,
confitures, lait de chamelle, eau parfumée, enfin tout le
menu traditionnel d'une riche diffa, servi avec l'apparat
d'usage dans les ustensiles du crû. Enfin, le thé fume dans
les tasses, pipes et cigares s'allument, et tandis qu'au
dehors les mâchoires des mesquines broient les reliefs du
festin, nous nous lançons dans une causerie que l'amabi-
lité de nos hôtes, l'originalité de leurs idées, la variété de
leurs connaissances rend particulièrement attrayante. Pour-

(1) Puces, euphémisme algérien.

tant il faut songer au départ matinal du lendemain, et nous arracher bien à contre-cœur au charme de cette réception que nous n'aurons garde d'oublier.

Malgré nos protestations, on vient nous reconduire à notre campement dont le feu encore brillant nous montre la direction. Bien nous en prend d'accepter un guide, nous aurions sans lui couru beaucoup de chance de tomber dans un puits béant au ras du sol, juste sur notre chemin.

Notre journée avait manqué d'incidents, la nuit allait nous dédommager. A peine nos côtes s'étaient-elles habituées au moelleux ballast qui formait notre couche, qu'une famille de chacals en visite dans notre bivouac nous éveillait par une formidable sérénade.

Notre orchestre dispersé à coups de pierres nous nous rendormions en hâte. Mais soudain, l'un de nous sent dans notre tente un mouvement singulier, il entend une respiration bruyante, et voit braqué sur lui les yeux de feu d'un énorme chacal..... Que faire? un coup de fusil mettra tout en émoi et blessera peut-être quelqu'un. Par provision il assène à la bête un magistral coup de botte. Mons chacal aussitôt de déguerpir en poussant de tels hurlements, que tout le monde s'éveille et reconnaît..... Dryfa, l'un des sloughis qui depuis le matin suivaient notre caravane. Après un moment de franche gaieté et tous nos compliments à notre intrépide sauveur, nous reprenons — jusqu'au jour cette fois — notre somme interrompu.

V

Le réveil sonne à la redoute; vite debout. Notre toilette expédiée, la tente roulée et chargée, nous savourons une tasse de café, gracieuse attention de nos braves compagnons, et nous revoilà en route. Le paysage n'est toujours pas fort intéressant; il y a cependant progrès sur la monotonie d'hier, et notre chemin est maintenant quelque peu accidenté ; nous traversons les lits de quelques oueds minuscules et nous nous rapprochons peu à peu du Djebel-Aïssa, dont les pentes verdoyantes commencent à se voir nettement. Et puis, la végétation perd de sa monotonie, nous arrivons dans la région qu'on appelle Taïdjet-el-Betoum (la Plaine-des-Térébinthes), dont le sol est formé d'une riche couche de terre végétale. Quelques kilomètres encore, et nous aurons quitté le bassin des chotts pour passer dans celui du Sahara. Rien du reste n'est moins sensible que cette transition, et sans la carte et les renseignements très-précis qu'on nous donne, nous jurerions que nous sommes toujours dans la plaine des Hauts-Plateaux.

Pour passer le temps, nous nous employons à exterminer quelques oiseaux, recherchant plutôt des individus bizarres, des espèces nouvelles, que les candides alouettes, qui semblent quêter les coups de fusil.

La rencontre d'un chameau très-occupé à se gargariser avec un os qu'il prétend avaler nous met en gaîté et nous rappelle notre soirée d'hier et les thèses aussi originales que nouvelles pour nous qui ont été soutenues à l'égard du chameau. En voilà pour un instant à disputer, chacun défendant l'opinion qui le séduit le plus.

Que n'a-t-on point dit et écrit en faveur du chameau ? Laborieux, sobre, soumis, infatigable, n'est-il point la grande ressource, la Providence du nomade ? N'est-ce point lui dont l'échine complaisante ploie toujours sous le faix, lui dont les interminables caravanes franchissent les solitudes, lui dont la sobriété fait pâlir les jeûneurs les plus intrépides, lui dont le lait assaisonne les repas, lui dont le poil fournit l'étoffe incomparable, des sacs, des burnous, des tentes, etc., lui, enfin, dont toute l'existence est consacrée au bonheur de l'Arabe ?

Eh bien, cette admirable bête a des détracteurs ; à les en

croire, le chameau est stupide, paresseux, rancunier, rebelle, glouton au suprême degré ; enfin, il est la cause la plus sérieuse du déboisement de l'Afrique et l'infatigable agent de sa stérilisation.

Réflexion faite, il y a du vrai dans ce portrait poussé au noir ; je dois convenir que les oreilles me tintent encore des hurlements enragés du chameau que l'on charge ; convenir que dans tout troupeau de chameaux porteurs beaucoup ne portent rien ; convenir encore que ce prétendu jeûneur mange sans cesse et boit à tarir un puits ; convenir enfin qu'il a déclaré à tout arbre ou arbuste une guerre inexorable que la puissance de ses mâchoires rend désastreuse. Je ne puis oublier avoir vu jadis, près de Kairouan, une bande de chameaux se jeter sur une haie de cactus aux épines formidables et, tels des gamins pillant un pâtissier, dévorer à belles dents ce singulier gâteau, en accompagnant leur ripaille de leurs plus joyeux rictus et de grincements de joie.

Pourtant j'aime le chameau et j'ai plaisir à le voir, tantôt affalé sur le sable, ruminant avec l'air béat et l'œil vague d'un boa qui digère, tantôt cheminant en longues files, tandis qu'autour de lui bondissent les chamelons au poil embroussaillé, tantôt seul, égaré, lamentable, poussant vers le ciel une clameur plaintive et profilant sur l'azur sa silhouette grotesque d'animal martyr.

Enfin, — dois-je le dire, — j'ai entendu des sceptiques affirmer sérieusement que le chameau n'est plus aujourd'hui qu'un animal décoratif et fabuleux payé par le Club Alpin ou l'Agence Cook pour figurer et donner au désert son aspect traditionnel ; inutile de réfuter cette audacieuse boutade.

Tantôt devisant, chevauchant, chassant, nous finissons par atteindre Mékalis, où doit se faire la grande halte. Mékalis possède, outre deux puits et une redoute, un admirable vieux térébinthe connu à cent kilomètres à la ronde, sous le feuillage duquel nous nous installons à l'ombre. Nous trouvons là un fonctionnaire (le sous-aide palefrenier du courrier des postes), auquel nous confions la mission d'aller chercher du lait à un douar tout voisin. Au bout de cinq minutes notre homme revient avec les bidons pleins de lait dans beaucoup d'eau. Et pas de laboratoire municipal pour constater la fraude ; il nous faudra en plein Sahara subir sans nous plaindre un effronté mouillage. Cette petite déception ne nous empêche pas de fort bien déjeuner, tout en écoutant les histoires que nous conte notre commissionnaire.

Pendant qu'on selle les chevaux, je lie conversation avec quelques sokhrars (chameliers) arrêtés près de là et j'assiste à leur repas principal. Le menu est varié autant qu'appétissant. Il se compose, pour cinq grands gaillards, d'une petite galette d'orge cuite sous la cendre, d'une gerboise grillée (1) et d'eau à discrétion. J'allais oublier le dessert, deux dattes par tête. Après cette bombance, mes hommes se préparent à une sieste qu'aucune indigestion, je l'espère, ne viendra troubler. Tout en rejoignant mes camarades, je me murmure cet aphorisme : « Ce qu'il y a de plus sobre chez le chameau, c'est le sokhrar. »

Nous marchons maintenant parallèlement au Djebel-Aïssa, dont nous apercevons sur la gauche les pentes tantôt sévères et rocheuses, tantôt couvertes d'une végétation rabougrie. On nous a fait du pays situé sur l'autre versant et surtout d'Aïn-Aïssa une description si tentante, que nous avons des envies folles d'y grimper par l'un de ces sentiers de chèvre qui s'offrent à nous à chaque instant. Malheureusement l'école buissonnière ne nous est point permise, car on nous attend un peu plus loin, et bientôt nous rencontrons des cavaliers venus à nous avec des montures fraîches.

---

(1) Sorte de rat sauteur assez commun dans l'alfa.

Nous menons aussi rondement que possible le reste de l'étape, impatients que nous sommes de voir Aïn-Sefra, ces oasis et ces ksours but de notre voyage.

Voici que nous apercevons, juché sur la montagne, un poste de télégraphe optique ; le but doit être proche ; nous franchissons quelques oueds, grimpons, descendons. Enfin nous gravissons un dernier raidillon taillé à même le rocher, et parvenus au col nous nous arrêtons, ébahis par le spectacle qui est sous nos yeux.

Tout au loin, ce sont les monts du Maroc, dont la cime neigeuse ferme l'horizon d'une barrière de nacre ; puis le Djebel-Mekter dresse en une masse sombre les entassements grandioses de rochers titanesques ; à gauche une dune mouvante déroule à perte de vue ses flots de sable fumant, tandis qu'à droite une oasis étale par-dessus les murs blancs la splendeur de ses palmiers.

Entre les deux, semés sur les rives d'un oued, un immense bordj, un coquinville et le plus étrange des villages arabes se coudoient sans se mélanger. Cette bizarre autant que pittoresque agglomération, c'est Aïn-Sefra.

Le gué franchi, nous tombons aux mains de nos hôtes, qui nous accablent de soins de toute sorte. Le bon accueil, une toilette à grande eau, un dîner succulent, enfin je ne sais quelle griserie saharienne nous ont bien vite ragaillardis et fait oublier que nous étions quelque peu fatigués l'heure d'avant. Aussi n'est-il pas de projet trop beau pour le lendemain. Les sages avis qu'on nous donne ne peuvent refroidir notre entrain. Nous devons ainsi tout d'abord escalader le Mekter et planter sur sa cime encore vierge le drapeau du C. A. F. Une fois là, nous pousserons à pied jusqu'à Moghrar et peut-être plus loin. Incontinent nous partons au coquinville, y dénichons un guide (?), achetons chez le meilleur faiseur de superbes espadrilles et déclarons, malgré de sages remontrances, que nous partirons avant le jour.

VI

Mais la nuit porte conseil, et la fatigue aussi sans doute. Lorsqu'à l'heure convenue notre guide pénètre dans notre chambre, il trouve peu d'entrain chez ses enthousiastes de la veille. Repassez dans un instant, lui disons-nous, notre toilette sera vite faite. Mais c'est à regret que nous nous levons et bien mollement que nous nous préparons. Toujours est-il que voilà le soleil levé, et, avec ses rayons, envolées nos dernières velléités de conquête. Aussi bien, pourquoi courir au loin quand sur place nous avons tant à voir ; nous suivrons donc tout prosaïquement les conseils de nos hôtes, et visiterons les curiosités de tout genre que nous offre Aïn-Sefra.

Sans quitter le bordj, nous étudions d'abord maintes constructions militaires élevées sans le concours du génie. Ce sont d'immenses et magnifiques cuisines à l'agencement desquelles chaque corps s'est ingénié de son mieux, des écuries improvisées ; enfin, des sortes de petits villages annexes débordant l'enceinte, égayés par des jardinets, des tonnelles, des tours Malakoff, comme en savent partout improviser les troupiers.

Le cercle des officiers, un vaste et frais bâtiment aux arcades mauresques, domine un superbe jardin où l'utile se mêle à l'agréable, et dont les massifs verdoyants vont s'étageant jusqu'à l'oued. Très-large cet oued, mais pas bien aquatique pour l'instant ; aussi, pour trancher le différend entre les géographes, peu d'accord sur son nom, les troupiers l'ont-ils baptisé, avec autant d'irrévérence que d'à-propos, l'Oued-Seco.

Comme nous quittons le bordj, des cris déchirants nous appellent dans un enclos, où nous trouvons deux pauvres chameaux que l'on vient de débâter et dont on enduit le dos tout à vif de goudron bouillant. Les infortunés hurlent à tous les échos d'alentour leurs protestations contre cette hygiène un peu brutale.

Une halte au café maure très-gai et très-animé, et nous pénétrons dans cette si bizarre agglomération que l'on appelle un ksar (1).

Dans une enceinte commune se trouvent amoncelées un assez grand nombre de constructions, dont l'enchevêtrement est coupé de rues, ruelles et passages convergeant vers une sorte de citadelle centrale où l'on n'accède que par des boyaux sombres, étroits, tortueux, praticables pour les seuls initiés. Une seconde enceinte, à deux mètres de la première, forme au pourtour un véritable chemin couvert. Deux portes seulement permettent d'accéder au ksar, encore bien souvent n'en existe-t-il qu'une seule.

Les maisons sont sans art ni recherche ; primitivement, elles étaient construites de moëllons maçonnés de terre, comme en témoignent celles qui ont résisté au temps et les soubassements d'un grand nombre des modernes. Aujourd'hui on se contente, pour les édifier, de briques en terre séchées au soleil et maçonnées par lits horizontaux avec de la terre. Distribution presque invariable : un rez-de-chaussée bas servant d'écurie, d'étable et de grange, un étage comprenant quelques pièces de 2^m sur 3^m environ, avec 2^m5o de hauteur moyenne, prenant jour par d'étroites meurtrières sur les ruelles ou sur la terrasse qui les termine invariablement. Terrasses et planchers sont constitués par un solivage en bois de palmier avec quelques branchages et un torchis de terre et d'alfa. Le luxe intérieur est à l'avenant : les murs, blanchis à la chaux, en sont le principal élément. Quand on connaît les installations des nomades et le confortable si décoratif de leurs

____

(1) Village fortifié (au pluriel, des ksours).

tentes, on reste stupéfait de l'indigence et du délabrement de ces demeures.

Non moins curieux sont les jardins qui constituent l'oasis. Situés dans le lit de l'oued, aux eaux duquel ils doivent leur fertilité, ils sont clos de murs fort élevés, construits avec les inévitables briques en terre, et n'ont d'autre accès qu'une ouverture au ras du sol, juste assez grande pour qu'on la puisse franchir en rampant, et close à l'ordinaire par une lourde porte en bois de palmier. Des ruisselets bien aménagés, soigneusement entretenus, distribuent partout l'eau quand il y en a suffisamment et mettent un peu de gaieté dans ces immenses couloirs blancs qui forment les artères de l'oasis.

Cet ensemble défensif, déjà bien respectable, est complété par une série de tours de guet, rondes, très-hautes, qui s'élèvent de distance en distance, surmontées chacune d'un logement carré relié à la tour par une succession d'encorbellements bizarres, autant qu'ingénieusement disposés. Dans ces logis aériens se dissimulent les guetteurs dont l'attention, toujours en éveil, doit redoubler lorsque approche, avec la maturité des fruits, l'époque des incursions régulières des tribus pillardes.

Partout plane la peur, tout révèle l'état d'inquiétude où vivent ces populations. Les habitations, serrées l'une contre l'autre, petites, ramassées, sans ouvertures au dehors, renfermées dans une enceinte solide, les tours de guet, les jardins strictement clos où l'on ne pénètre qu'en rampant à la façon des chacals, tout dénote la terreur et l'angoisse et imprime au ksar un aspect misérable qui contraste singulièrement avec la puissance et la splendeur de la végétation.

Seule, la nécessité de modérer les caprices des oueds, tantôt sables, tantôt torrents, décide parfois les Ksouriens à exécuter des travaux pour se protéger contre les crûes trop brusques ou les sécheresses plus redoutables encore.

Ces travaux, souvent considérables, sont toujours aussi bien conçus que parfaitement exécutés, et témoignent d'une véritable entente de l'art de l'ingénieur.

Toute l'industrie locale consiste dans le tissage des étoffes de laine, la confection de quelques poteries naïves, de grossiers ustensiles de bois, et surtout dans la culture des jardins......

Quelques courses dans les environs, une visite aux premiers rochers du Mekter, non moins pittoresques de près que de loin, remplissent notre après-midi et, rentrés au camp, nous n'avons que le temps de faire quelques visites et de compléter nos préparatifs pour le lendemain.

Grâce à l'obligeance du chef du Bureau arabe, nous aurons pour notre expédition des chevaux indigènes et un guide connaissant à merveille le pays. Tout naturellement, on nous présente le gaillard en question qui répond au nom harmonieux de Rhaoudi. A peine ai-je jeté les yeux sur lui, qu'il me semble le reconnaître. Où donc ai-je vu déjà ce grand escogriffe ? Parbleu ! c'est dans les œuvres de Clément Marot qui avait jadis connu ou deviné maître Rhaoudi, car il en a tracé un portrait saisissant :

> Gourmand, yvrongne, et asseuré menteur,
> Pipeur, larron, jureur, blasphémateur,
> Sentant la hart de cent pas à la ronde,
> Au demeurant le meilleur filz du monde.

A toutes ces qualités Rhaoudi joint celle d'avoir été, à plusieurs reprises, spahi, tirailleur, spahi et quelque peu sans doute, bien qu'il s'en défende, partisan de Bou-Amema, son parent. L'essentiel est qu'il est débrouillard comme pas un, qu'il sait tous les environs sur le bout du doigt et qu'il baragouine assez de français pour nous tenir conversation. Nous ne pouvions vraiment trouver mieux.

« Eh bien, mes gaillards, si vous aimez le sirocco, vous serez demain servis à souhait », nous dit au milieu du dîner le président de la table, un vieil Africain blanchi sous le harnais. « Ecoutez plutôt ». En effet, une singulière musique résonnait depuis un instant. C'étaient les roseaux, appliqués aux fenêtres en guise de jalousies, vibrant à l'unisson sous les caresses du vent, annonce d'une prochaine perturbation atmosphérique.

VII

Exact comme un chronomètre, Rhaoudi, à trois heures et demie, amenait les chevaux, et chacun de nous aussitôt se hissait de son mieux dans ces fauteuils bizarres qui servent de selle aux Arabes. Bien nous en a pris de partir de bonne heure, car notre voyage débute par la traversée de la dune dont le sable mobile cède sous l'effort des chevaux, et rend la marche aussi pénible pour le cavalier que pour les montures. Bientôt pourtant le jour commence à poindre, et nous gagnons au bord de l'Oued-Seco un sentier presque raisonnable.

Tiens! un cavalier! Rhaoudi aussitôt de nous le présenter, et voilà que notre petite troupe s'augmente du facteur de Moghrar, un splendide Arabe à barbe d'ébène, aux dents blanches que découvre un franc sourire. Notre recrue ne sait malheureusement pas un mot de français, point davantage de volapück; de notre côté, à part *macache* et *bezef*, notre connaissance de l'arabe est fort restreinte. Reste le langage international des signes que nous employons avec succès, et Rhaoudi du reste est un truchement accompli.

Mauvais au début, le chemin devient détestable maintenant qu'après le sable nous cheminons sur la roche polie et glissante. Pourtant nos chevaux se tirent d'affaire, et les plus mauvais pas sont franchis sans accident pour personne. Le pays est singulièrement fertile en pierres de toutes sortes et nous n'avons pas grand mérite à accomplir avec nos deux Arabes une petite dévotion musulmane. Sur notre chemin se trouve la tombe d'un marabout, et il est de règle que chaque passant augmente d'une pierre spécialement apportée le monceau déjà considérable qui recouvre le mort. Peut-être y a-t-il un but utilitaire dans cette habitude et ne demande-t-on des pierres à la piété des croyants que pour réunir économiquement sur place les matériaux d'une kouba ?

Un peu plus de trois heures après notre départ, nous apercevons tout à coup quelques palmiers. C'est la petite oasis d'Aïn-el-Hadjej, où bêtes et gens vont s'arrêter quelques instants pour prendre repos et nourriture.

Le délicieux endroit, et comme les yeux fatigués du sable et de la roche se régalent à le contempler ! Des palmiers splendides balancent à cinquante pieds du sol leur élégant feuillage, une herbe haute et touffue tapisse la terre, tout auprès les pentes raides du Mekter et de l'Aïssa encadrent de leur silhouette sévère ce riant paysage. Des sources minérales jaillissent de tous côtés ; c'est à se croire en Auvergne ! Dans un rayon de 15 mètres, je découvre une source ferrugineuse, une sulfureuse et une magnésienne que Rhaoudi m'affirme très-sérieusement être une fontaine d'eau de savon. Comment n'a-t-on pas encore installé là un centre thermal de premier ordre ? Avec un hôtel monstre, quelques salles de baccarat et… cent mille francs de réclame par an, on aurait bien vite transformé ce petit éden en un lieu aussi banal que la plus renommée de nos stations à la mode. Avis aux capitalistes.

Nos provisions déballées, nous constatons bien vite que, faute d'un outil pour ouvrir les conserves, la chère sera maigre. N'est-ce que cela ? Rhaoudi empoigne un de ses éperons, l'affûte sur une pierre, et en un clin d'œil la boîte est ouverte aussi correctement que par un premier de chez Potin. Contre l'habitude française, nous offrons à notre ami le facteur non pas à boire mais à manger. Le brave homme ne veut accepter autre chose qu'un œuf et du pain, soupçonnant notre bœuf d'être quelque viande proscrite par le Coran. Rhaoudi n'a point de ces scrupules et fait honneur à tout, surtout au vin, dont il s'octroie de profondes lampées, malgré les clins d'œil et les objurgations indignées de son compagnon. L'excellent garçon ne nous reproche qu'une chose, c'est de n'avoir point apporté d'absinthe dont il est particulièrement friand.

Tout le monde bien repu et reposé, nous nous remettons en route ; le déjeuner nous a mis tous en train, même les chevaux ; au reste, le temps est si beau, le paysage si charmant, le terrain si propice, que nous ne résistons pas au plaisir de nous offrir une série de petites fantasias et que nous voilà tous les cinq dans la plaine à un galop furieux, gesticulant, criant, fusillant à qui mieux mieux ; Rhaoudi finit même par casser son fusil, et ce petit accident nous ramène tous à une allure un peu plus calme.

Nous suivons maintenant une assez large vallée entre le Djebel-Mekter et le Djebel-Diara et nous cheminons tantôt dans le lit de l'Oued-Namous, tantôt dans la plaine toute plantée de térébinthes et de tamaris. Un aimable pays, frais et ombreux, qui pourtant n'est guère pratiqué par l'homme, à en juger par l'étonnante familiarité des animaux qui le peuplent ; les perdreaux assez nombreux viendraient pour un peu nous manger dans la main ; j'en poursuis un couple pendant plus de cent mètres, et il faut deux coups de revolver tirés presque à bout portant pour les faire lever. Notre marche, du reste, n'est pas toujours sans incidents. Pendant que pour la dixième fois nous traversons l'oued à gué, l'un de nous s'étant légèrement écarté, se trouve, à son grand étonnement, redevenu piéton, tandis qu'entre ses jambes son cheval s'enlize à vue d'œil. D'un bond il est sur le sable durci, tandis qu'à son appel nous sautons à terre et aidons l'animal à reprendre pied. Un peu plus loin nous organisons une véritable partie de pêche à cheval et capturons victorieusement, sans quitter la selle, deux superbes barbeaux.

Mais soudain, voilà que le temps change ; c'est sans doute pour vérifier le pronostic du capitaine R**. Nous allons assister à une de ces crises de la nature si justement redoutées par les Arabes. Brusquement, la chaleur devient suffocante, le ciel se couvre, l'horizon rougit, un vent brûlant nous fouette le visage, soulevant avec lui des nuages de sable fin qui s'insinue dans les yeux, la gorge, les oreilles, le nez et les moindres fentes de nos vêtements· Oppressés, haletants, aveuglés, nous ne savons que devenir ; nos chevaux, du reste, terrifiés, anéantis, se refusent à faire tête au terrible sirocco. Fort heureusement, nous trouvons derrière une haute berge à pic un abri relatif, et comme rien ne nous presse trop, nous laissons passer le gros de la tourmente, courbant la tête, faisant piteuse mine, mais point trop mécontents au fond d'avoir vu, au moins une fois, ce que c'est que le simoun.

Pendant cette halte, nous mettons à profit nos loisirs pour étudier sur le vif la formation si curieuse des dunes mouvantes, et ce quart d'heure d'observation nous en apprend plus long que bien des pages de théorie.

La marche reprise, le temps commençait à nous durer quand apparaît soudain, à côté d'une kouba en ruine, une haute tour en pierre et une vaste fortification avec créneaux, barbacanes, machicoulis. On dirait un vieux logis féodal, fraîchement remis en état de défense, ou quelque beau castel des bords du Rhin. Nous sommes cependant en pleine région saharienne ; ce château-fort, c'est la grande redoute construite par le général Négrier, et tout à côté nous apercevons le ksar de Moghrar dont elle défend l'entrée.

Nous sautons à terre et sommes accueillis avec la plus charmante cordialité par l'officier de spahis qui commande à Moghrar, notre poste le plus avancé vers le Maroc. Bientôt, nous sommes installés devant une table munie de tout ce qu'il faut pour boire, et tâchons de dissoudre à force de rasades toute la poussière dont le sirocco a tapissé nos muqueuses, — besogne extrêmement laborieuse. — L'après-midi s'avance, il faut bien vite visiter les curiosités du lieu. Ce qui frappe le plus dans le ksar de Moghrar, c'est l'abandon et la décrépitude de la plupart des demeures, l'absence de mouvement, la sauvagerie des habitants. Personne dans les rues ou les places que quelques gamins dépenaillés, qui s'enfuient à toutes jambes dès que paraît une figure européenne. On devine que l'on est chez des gens plutôt soumis que ralliés et qui rongent rageusement leur frein en attendant mieux. C'est le pays du fameux agitateur Bou-Amema qui y possédait de nombreuses propriétés, confisquées aujourd'hui, et nous visitons successivement les maisons, jardins, sources, réservoirs, etc., qui portent son nom. Dans ces jardins, actuellement cultivés par nos troupiers, nous admirons, outre les dattiers et les plantes habituelles, des espèces nouvelles venues de l'Arizona ou de la Floride. Ce sont surtout ces cactus et ces cierges gigantesques qui atteignent dans leurs pays d'origine des dimensions colossales. Si cette tentative d'acclimatation réussit, l'on verra dans quelques années les plaines et les sables se jalonner de ces végétaux non moins bizarres que résistants.

Chemin faisant, nous admirons quelques-unes des serrures qui ferment les portes de jardin, serrures complètement faites en bois, enveloppe, mécanisme et clef. Elles fonctionnent toutes parfaitement, bien que certaines datent de plus d'un demi-siècle.

En quittant le ksar pour aller visiter un grand réservoir construit par Bou-Amema et quelques fort intéressants travaux de captage et d'adduction de sources, nous admirons un petit pont en maçonnerie assez délabré pour l'instant, mais pittoresque au suprême degré, et formant avec la ruine et les arbres qui l'entourent un site vraiment adorable.

Tout en faisant la chasse aux lézards de palmier, nous gravissons une petite éminence d'où la vue s'étend assez loin et nos yeux dévorent l'espace surtout du côté du sud-ouest, vers ce tant curieux pays de Figuig que nous donnerions gros pour visiter. Malheureusement il ne faut point songer à forcer la consigne, car tels les fourmis-lions, tapis au fond de leur entonnoir, accablent de projectiles les imprudents qui s'aventurent sur ses bords, tels les ksouriens de Figuig sont perpétuellement en garde contre l'étranger, et, sitôt franchies les crêtes qui les entourent, il pleut des coups de fusil.

Situé aux confins de l'Algérie et du Maroc, ce riche et fertile petit territoire a su jusqu'à présent conserver son indépendance et sa complète autonomie, malgré les convoitises que sa situation toute privilégiée excite très-naturellement.

Pendant bien longtemps on n'a connu Figuig que par les racontars fantaisistes de voyageurs qui n'y avaient point mis les pieds, ou des légendes mirifiques dont beaucoup n'ont pas cessé d'avoir cours. Depuis quelques années, grâce à l'initiative de quelques commerçants et au zèle intrépide de certains officiers français (parmi lesquels notamment M. de Castries), on a pu se procurer des renseignements bien précis sur toute cette région.

Comme étendue, comme richesse, industrie et commerce, l'oasis de Figuig laisse bien loin derrière elle les misérables ksours des Ahmours.

Sa situation, à l'origine de l'Oued-Messaoura, qui, à cause de la régularité et de l'abondance de ses eaux, forme l'artère principale que suit le commerce entre le Soudan et le Maroc, lui donne une importance toute spéciale, car elle sert à la fois d'entrepôt aux caravanes du sud et de refuge aux dissidents du nord. Mais la vraie cause de son importance et de sa richesse est dans l'abondance des sources qu'elle possède. Cette eau constitue un avantage inappréciable pour le pays, dont nous pouvons difficilement nous faire une idée. Il faut connaître les guerres sanglantes auxquelles a donné lieu la possession de certaines de ces sources pour s'en rendre compte.

L'oasis forme une véritable forêt de sept kilomètres sur deux environ, orientée suivant sa longueur de l'est à l'ouest, et entourée de chaînes de montagnes de tous côtés, sauf à l'est où se développe une vaste plaine aride.

On compte huit ksours à Figuig, sept au nord et un au sud-ouest, Zenaga qui de beaucoup le plus important, a imposé la loi aux autres et s'est emparé des sources. Tous ces ksours, situés sur un plateau légèrement incliné vers le sud, enveloppent l'oasis d'un réseau inextricable de murs en briques. On communique d'un ksar à l'autre par divers sentiers ménagés entre les jardins, véritables dédales, ou en longeant l'oasis à l'extérieur, ce qui est plus court. Certains des ksours sont du reste absolument contigus et séparés seulement par des ruelles et leur porte respective. Chaque ksar possède sa mosquée construite habituellement sur une source. Quant aux constructions elles ne diffèrent de celles de tous les autres ksours que par une meilleure conservation et un peu plus de confortable. La culture comprend outre les palmiers, quelques fruits et légumes, et de l'orge en petite quantité.

L'industrie est insignifiante, mais le commerce très-considérable; il porte principalement sur les dattes, les étoffes de laine, burnous, haïcks, sur les cuirs apportés du sud par les caravanes du Gourara et de Taffilaleh, aussi sur les graines, cotonnades et menus objets de ménage ou de toilette qu'apportent du nord les Haourâ, les Béni-Ménia, les Ouled-Djérir et mainte autre tribu.

Cinq routes diverses viennent aboutir à Figuig et

témoignent nettement de sa grosse importance com merciale.

On estime que la population normale des divers ksours peut fournir 3,300 fusils; il faudrait y ajouter le contingent d'un certain nombre de tribus semi nomades que l'on désigne sous le nom collectif de Guitana, et qui installées sur les coteaux à l'ouest de Figuig vivent aux dépens de la grande oasis, lui vendant les produits des montagnes, bois, alfa, charbon, goudron, etc. Une bonne partie de ces Guitana est constituée par les dissidents du sud Oranais et l'on comprend quelle excellente avant-garde ils constituent pour les ksours.

En dehors de Figuig, il existe un certain nombre d'oasis (21) qui en dépendent et dont les palmiers constituent même une des principales richesses de la population de ses ksours, les dattes de ces palmiers, d'une qualité exquise, mûrissant plus tôt que celles de Figuig. L'importance de ces oasis est grande, car certaines d'entre-elles contiennent plus de 6,000 palmiers, aussi les Ksouriens, et surtout les Zenaga auxquelles elles appartiennent en majeure partie, sont-ils parfois incapables de les cultiver complètement et ne peuvent-ils féconder certains palmiers que tous les deux ans..

Un peu avant la tombée de la nuit nous prenions le frais sur la terrasse la plus haute de la redoute, tout en guettant le retour des émissaires détachés par nous à la chasse aux lézards, quand tout d'un coup nous voyons surgir sur chaque terrasse du ksar des quantités de chèvres et de chevreaux; au reste pas un seul habitant, et toute la gent capricante s'en donne à cœur joie de bondir et de folâtrer. Puis aussi subitement qu'ils étaient venus, tous disparaissent comme à un coup de baguette; c'est à croire que tout est truqué comme une scène de féerie.

Après un excellent dîner où nous faisons honneur aux fruits et légumes du pays, nous recevons la visite du kha-

lifat, un vieux bonhomme aphone qui nous contemple avec
stupeur, et se confond en salamalecs les plus respectueux.
Lui parti, nous ne prolongeons guère la veillée, car la
journée a été rude, et nous sommes aussitôt endormis que
couchés.

VIII.

Une bonne nuit nous a fait oublier la fatigue de la veille
et les émotions du sirocco, aussi dès l'aube prenons-nous
congé de notre hôte et nous dirigeons-nous sous la blanche
clarté du matin vers Aïn-el-Hadjej. Nous suivons, paraît-il,
le même chemin qu'hier, nous avons pourtant grand'peine
à le reconnaître maintenant que tout y est calme et reposé
et que le sirocco n'est plus de la partie. Tout en savourant
le plaisir de voyager à la fraîche dans un pays facile en
même temps que varié et pittoresque, nous faisons dili-
gence, car il nous tarde singulièrement de voir si Tiout,
notre objectif principal, mérite tout le bien qu'on nous en
a dit. Nous ne restons à Aïn-el-Hadjej que le temps de faire
souffler les chevaux et de revoir nos sources minérales. Puis
en route, et une fois franchies les grandes rigoles en
pierre qui servent de chemin, aux allures vives, l'impatience
nous talonne.

Enfin voici l'oasis ; avant d'y pénétrer arrêtons-nous un
instant. Un vrai paysage biblique se déroule à nos yeux
et nous révèle des aspects que nous ne soupçonnions pas.
A l'horizon, sous un ciel du plus pur azur le vert délicat
des palmiers se détache en vigueur sur un fond de rochers
rouges, plus près l'oued roule doucement une eau limpide
où se reflète la berge escarpée, à nos pieds dans les champs
verdoyants quelques Arabes vont et viennent tandis que,
assis sur le rebord des puits carrés, les vieillards impas-
sibles devisent gravement. L'ensemble du tableau est tran-

quille, puissant, harmonieux et plein de cette pénétrante poésie de l'Orient qui enivre les plus indifférents.

Nous avançons, nos impressions changent mais sans cesse d'être agréables. Franchissant l'oued à gué nous nous dirigeons vers le ksar par une minuscule vallée d'érosion, véritable réduction Collas d'un des fameux canons du Colorado. Ce ne sont que palais, colonnades, portiques, statues, édifices de toutes sortes taillés dans la roche par ces incomparables ouvriers qui s'appellent la pluie et le vent. La couleur générale de la matière — un rose délicat — donne à tous ces chefs-d'œuvre de la nature un aspect tout particulièrement gai et agréable. Nous ne pouvons cependant être tout yeux, car notre chemin est plus pittoresque que praticable, et une glissade nous entraînerait loin.

Un peu avant les murs de Tiout, nous rencontrons une poussée de gourbis de l'aspect le plus misérable. Rhaoudi nous affirme (c'est décidément une mauvaise langue que Rhaoudi), que ce sont les boudoirs des filles de certaine tribu pillarde des Ahmours venues là pour amasser une dot. Infortunés habitants de Tiout, et combien, entre les rapines des pères et les bonnes grâces des filles, leur pécule doit être compromis !

Enfin nous arrivons à la porte principale de Tiout, une porte superbe avec des pilastres, des encorbellements et jusqu'à de vieilles peintures encore bien conservées. A l'intérieur ce n'est plus la tristesse et l'abandon de Moghrar mais partout le mouvement et l'animation des affaires.

Très-curieusement on nous entoure et les questions pleuvent de toutes parts, car si quelquefois on a vu des militaires on ne sait pas ce que c'est qu'un touriste et, à persuader ces braves gens que pour voir leur pays nous avons fait des centaines de lieues, nous perdrions notre temps. Pendant que Rhaoudi va informer les autorités de notre venue, nous nous installons au café Maure qui regorge de consommateurs.

Survient Rhaoudi flanqué des autorités demandées et, après les politesses d'usage et l'offre réciproque d'une série de tournées de café ou de thé, nous apprenons qu'une diffa monstre se prépare en notre honneur. Nous acceptons comme de raison, mais il nous faut toute une dépense de diplomatie pour obtenir que l'on nous serve non pas dans un de ces intérieurs que nous connaissons trop, mais en plein air dans un jardin.

Notre procès gagné et comme il faut laisser aux cuisiniers le temps de faire merveille, nous nous faisons conduire aux fameuses pierres écrites qui sont la gloire de Tiout et qui se trouvent à deux kilomètres environ du ksar sur la rive gauche de l'oued.

Qu'on imagine une paroi verticale de rocher haute de plusieurs mètres et sur laquelle sont gravées en creux avec une admirable netteté des silhouettes d'hommes et d'animaux divers. Malgré la simplicité du dessin on reconnaît parfaitement les animaux, antilopes, buffles, lions, éléphants, chevaux, autruches ainsi que des hommes, des femmes, des enfants, et un personnage debout qui semble prier les mains étendues.

La plupart des animaux représentés ayant disparu depuis longtemps de la contrée, on est amené à conclure que ces gravures remontent à des temps très-reculés, probablement à des dizaines de siècles. Il est certain du reste que tous les dessins ne datent pas de la même époque, et que les figures d'hommes, par exemple, sont plus modernes que les autres.

De savantes controverses se sont engagées sur l'origine de ces représentations, leur date, leur signification ; nul doute que la lumière n'en sorte. En tous cas il y a là une page bien intéressante de l'histoire de ce pays et singulièrement digne d'être classée parmi nos monuments historiques, si elle ne l'est déjà.

En revenant nous visitons encore quelques travaux d'irrigation toujours fort bien compris, puis l'on nous introduit dans un merveilleux jardin où tout aussitôt apparaît la diffa à laquelle nos estomacs, creusés par la route, font le meilleur accueil.

Mais quel est ce chant qui soudain frappe nos oreilles; ce n'est pas le muezzin chantant les louanges du Très-Haut, mais perché dans les palmes d'un immense dattier, un attacheur de régimes, qui tout en fécondant la fleur, appelle les bénédictions d'Allah sur la récolte à venir.

Tout en dégustant le couscoussou au piment, examinons bien notre salle de festin. La fécondité de ces jardins tient vraiment du prodige, et il faut les avoir étudiés de près pour se faire une idée de la puissance de la végétation et du parti que les Ksouriens savent en tirer. Trois récoltes superposées sont en train de mûrir; des palmiers hauts de vingt mètres balancent à perte de vue leurs énormes régimes, au-dessous d'eux toute une forêt d'arbres de nos régions, pommiers, figuiers, grenadiers, coignassiers, pêchers, amandiers, abricotiers, étale une double parure de fleurs et de fruits, enfin drus et vigoureux des légumes de toutes sortes : oignons, piments, navets, lentilles, pois, garnissent le sol jusqu'à entourer les arbres. Et ce n'est point comme dans nos vergers d'Europe où toute plante à l'ombre s'étiole et périclite, ici chacune de ces récoltes présente une absolue vigueur pourvu qu'elle ait de l'eau en suffisance. Aussi n'en laisse-t-on point perdre une goutte de ce précieux liquide, et la distribution aux différents propriétaires est elle l'objet d'un contrôle et d'une surveillance assidue. Nous assistons avec bien grand intérêt à cette opération.

Le temps pendant lequel tel ou tel propriétaire doit jouir de l'eau dont dispose le ksar, est déterminé à l'avance et représenté par un certain nombre d'unités. C'est l'évaluation de ces unités qui se fait d'une façon vraiment originale. Au moment où la vanne distributrice est levée, un notable fait flotter à la surface d'un grand vase plein d'eau une sorte de pot à fleur percé d'un petit trou à sa partie inférieure ; le temps qu'il met à s'emplir et à couler à fond constitue l'unité de temps. Je doute que l'usage de cette clepsydre économique ait des chances de se répandre beaucoup de par le monde.

Après notre visite aux répartiteurs d'eau, nous nous promenons avec le khalifat, l'obligeance et la cordialité en personne, dans tout le ksar où nous voyons tout ce qui peut présenter un intérêt quelconque. Bien entendu les intérieurs, là où il y a des femmes, nous restent interdits ; mais même dans les ksours, dame curiosité a quelque empire sur le beau sexe, et le bruit de la présence à Tiout d'étrangers de la plus rare distinction a attiré sur les terrasses toutes celles que la jalousie d'un père ou d'un époux n'a pas eu le soin d'enfermer. Aussi voyons-nous à la dérobée plus d'un visage qu'on fait à peine semblant de cacher, et pouvons-nous constater que si l'on y aperçoit quelques figures simiesques et ratatinées, il n'y manque pas du moins de frais et coquets minois.

Comme nous allons partir, on nous offre un aigle que l'on vient de prendre ; force nous est de le refuser, car nous emportons déjà quelques énormes lézards de palmier, et nous ne sommes guère fixés sur nos moyens de locomotion pour le retour ; et puis, nous sommes pressés de rentrer à Aïn-Sefra. Aussi, après une visite à la mosquée, nous prenons congé de nos hôtes si aimables, non sans leur avoir exprimé tous nos remerciements pour leur cordiale réception et toute notre admiration pour l'incomparable pays qu'ils habitent ; et comme nos chevaux connaissent leur pays et sentent l'écurie, nous regagnons Aïn-Sefra en moins de deux heures. Déjà il se fait tard, et c'est à peine si nous pouvons faire pour demain le plus gros des préparatifs.

IX

Nous avions espéré partir de bonne heure et même regagner Méchéria par une voie plus rapide que celle de l'aller. Malheureusement, la présence à Aïn-Sefra de plusieurs généraux inspecteurs rendrait indiscrète toute demande de chevaux à l'autorité militaire. Pour comble de malheur, voilà deux jours que la brume paralyse le télégraphe optique et nous ne pouvons même donner à Méchéria avis de notre retard.

A tout hasard, nous allons au coquinville voir notre ami Rhaoudi, homme de ressources s'il en fut; peut être entre temps nous viendra t-il une idée. Chemin faisant, nous sommes frappés de la rage de construction qui sévit en ce moment. Des rues, des quartiers s'élèvent comme par enchantement. C'est, nous dit-on, l'espoir d'un prolongement prochain jusqu'à Aïn-Sefra du chemin de fer de Méchéria qui a motivé cette poussée de maisons. La spéculation s'en donne à cœur joie et le plus petit mercanti se voit déjà roulant sur l'or des expropriations. Sans porter à ces entreprises le même intérêt, nous faisons des vœux sincères pour que ce projet si ardemment caressé entre bientôt en réalisation. Cette voie nouvelle rendra rapides les progrès de la civilisation, facilitera le ravitaillement de la région et toutes les relations avec le Tell; mais, à coup sûr, elle ne sera qu'un acheminement vers cette riche et mystérieuse oasis de Figuig dont l'annexion — peut-être pacifique — ne peut être éloignée; et après Figuig vers le Niger.

Nul doute que son établissement, gage d'une paix durable et d'une prospérité inconnue pour ces régions si tourmentées depuis des siècles, ne dérive au profit de l'Algérie le courant commercial qui passe actuellement par le Maroc. Les conditions d'établissement de ce premier tronçon du Grand Transsaharien ont depuis plusieurs années été sérieusement étudiées par la Compagnie Franco-Algérienne jusque bien au delà de Figuig. L'avant-projet de ce prolongement m'ayant été gracieusement communiqué, j'y ai emprunté plus d'un renseignement, et l'un des tracés probables passe précisément par le chemin que nous avons parcouru avant-hier et que je viens de décrire.

En attendant que la locomotive vienne animer de son sifflet les rives de l'Oued-Seco, ce sont encore des mules qui amènent à Aïn-Sefra tout ce que nécessite la présence d'une nombreuse garnison. Justement on attèle à une longue voiture vide toute une file de mules empanachées. Voilà notre occasion trouvée. Comment n'avons-nous pas songé plus tôt à profiter pour revenir à Méchéria du retour du convoi? Sur-le-champ, nous joignons le voiturier-chef, convenons avec lui qu'une place sera réservée à nos personnes et à nos bagages et que dans une heure juste nous partirons avec sa colonne.

En grande hâte, nous allons prendre congé de nos hôtes et nous déjeunions sommairement quand on nous prévient que les voitures sont parties et déjà presque hors de vue.

Je prends ma course par le plus court, franchis l'oued d'un saut, au risque d'un bain de pieds ; enfin, j'atteins et arrête une voiture auprès de laquelle me rejoignent bientôt mes compagnons puis nos bagages. C'est avec des Pépés que nous allons faire connaissance.

Le *Pépé* (de Giuseppe, prénom presque invariable), c'est l'Espagnol, et l'on ne peut faire dix pas dans ce pays sans entendre résonner ces deux syllabes. Comme les Chinois en Amérique, les Maltais en Tunisie, les Espagnols dans l'Oranais se sont partout infiltrés et, terrassiers, moissonneurs, vignerons, rouliers, débardeurs, petits marchands, se sont emparés de tous les menus emplois que Français et Arabes délaissaient. Aujourd'hui ils sont une puissance; Pépés et Pépettes s'appellent légion, une légion victorieuse avec laquelle chacun doit compter. Braves gens du reste, sobres, durs au travail et assez pacifiques pour que, malgré leur envahissement continu, on n'ait pas encore organisé l'agitation anti-pépétique.

Nos bagages installés, comme la colonne marche avec une lenteur exaspérante, nous lui faussons compagnie et convenons que si nous ne nous rejoignons pas plus tôt, le rendez-vous sera à Mékalis où les voitures doivent, foi de Pépé, arriver avant six heures du soir.

Pendant que notre ami C... prend la gauche de la route qu'il croit plus giboyeuse, nous grimpons, mon frère et moi les pentes du Djebel-Aïssa; cela nous raccourcira peutêtre et dans tous les cas variera notre itinéraire. Le chemin, en effet, est pittoresque à souhait et fortement accidenté; moi qui ai remplacé mes bottes par les fameuses espadrilles qui devaient escalader le Mekter, je constate à chaque instant que la marche n'y est pas plus agréable que dans nos cheires d'Auvergne.

Tout raboteux qu'est ce chemin, nous voudrions bien grimper avec lui jusqu'aux crêtes et pousser sur l'autre versant une petite reconnaissance jusqu'à Aïn-Aissa, dont depuis quelques jours tout le monde nous vante les attraits. Situé presque au sommet de la montagne, au milieu de bois touffus et de sources abondantes, Aïn-Aissa jouit même pendant les plus fortes chaleurs d'un climat frais et salubre. Aussi y a-t-on depuis longtemps installé un sanitarium où, pendant la période estivale, la garnison d'Aïn-Sefra envoie se refaire les hommes trop éprouvés par les chaleurs. Nous ne pouvons, hélas! songer à aller nous aussi faire notre petite cure d'air; peut-être avonsnous déjà fait un peu trop l'école buissonnière; petit à petit nous nous rapprochons donc de la route et finissons par la suivre prosaïquement; c'est en somme le moyen le plus sûr de ne pas manquer nos compagnons.

Nous devons être en retard, car il est six heures passées quand nous arrivons au campement de Mékalis. Pas trace de Pépés cependant; en revanche, nous avons la bonne fortune d'y retrouver nos amis les artilleurs qui nous font bon accueil et avec lesquels nous entamons une longue causerie en attendant les voitures.

A huit heures, toujours rien ; notre semblant de déjeuner est loin et les charmes de la conversation ne suffisent point à calmer les tiraillements de nos estomacs. Nos braves troupiers ont à coup sûr deviné l'appétit féroce qui se cache sous nos airs dignes et dégagés, mais leurs provisions sont à bout et ils n'osent guère nous offrir le peu qu'ils possèdent. Cependant ils se concertent, nous les entendons fricoter en hâte je ne sais quoi de compliqué, et au bout d'un instant l'un d'eux nous apporte victorieusement une grande tasse de *café au lard* (1) que nous avalons toute brûlante et dont l'absorption nous ragaillardit un peu. La soirée est plus que fraîche, nous sommes peu vêtus ; aussi, pour ne pas grelotter, nous étendons-nous le plus près possible du feu.

Neuf heures! Toujours rien de nouveau ; cette fois, on nous offre du pain et un petit morceau de viande que nous acceptons sans vergogne et dévorons à belles dents. Puis nous nous efforçons de dormir puisque nous ne pouvons dîner. Enfin, vers onze heures, un léger bruissement du sable nous avertit que les voitures sont proches. Victoire! nous allons trouver nos vivres. Eh bien, non! Il paraît que notre vin a coulé, que notre pain a roulé, roulé aussi nos boîtes de conserves, que nous sommes roulés en un mot. Nous fâcher contre ces braves Pépés, l'incarnation de la candeur et de l'innocence, ne servirait de rien ; ils ne comprennent même plus le français et nos réclamations

_____

(1) Horrible mélange de café et d'absinthe très-prisé par les troupes d'Afrique.

semblent les plonger dans une véritable stupeur. Le mieux est de nous coucher au plus tôt, nous rêverons peut-être que nous faisons bombance. C..., qui a dîné en route, nous offre comme consolation deux cangas qu'il a tués et plumés et qu'il se met en devoir de rôtir pendant que nous dressons la tente. Lorsque son rôti à point, C... veut nous en faire les honneurs, il trouve ses compagnons endormis, et malgré de consciencieux efforts, n'arrive pas à tirer de nous autre chose que des grognements de mauvaise humeur.

X

Grand conciliabule vers trois heures du matin, l'heure du départ est proche, et l'accord n'est point fait sur le programme à adopter. L'expérience d'hier n'est pas pour nous faire apprécier le voyage en compagnie des Pépés , aussi proposons-nous, mon frère et moi, de confier les bagages aux voitures et de gagner à pied Méchéria (73 kilomètres). C..., qui apprécie peu la marche, nous traite de fous, et nous démontre péremptoirement qu'avec le convoi nous arriverons plus vite, plus gaiement et sans la moindre fatigue.

Dans l'impossibilité de tomber d'accord, nous décidons de partir comme la veille, chacun de son côté, et nous procédons solennellement au partage des provisions restées depuis l'aller dans une cantine heureusement fermée à clef. Une petite boîte de thon, la moitié d'un pain acheté aux Pépés, voilà le lot des piétons.

C'est le cœur léger non moins que l'estomac, que nous nous élançons sur la route de Naamâ ; l'étape est longue mais le temps est frais et nous avons mis à profit notre conversation d'hier pour avoir quelques renseignements sur le pays et les routes ; en nous y prenant bien nous gagnerons pour le moins deux ou trois kilomètres sur les 45 qui nous séparent de Naamâ. Au bout d'une demi-heure nous quittons la route pour nous diriger par le plus court sur Méchéria ou tout au moins sur le massif de l'Antar, qui se devine au loin. Tout est pour le mieux décidément, le temps un peu couvert nous préservera de la chaleur, notre jeûne d'hier semble nous avoir mis en train et fortifié les jarrets. Je plaisante agréablement P..., qui a gardé ses grandes bottes au lieu de prendre, à mon exemple, de bonnes espadrilles, la vraie chaussure pour trotter dans le sable.

De mieux en mieux, voici une ondée maintenant ; le sable sera plus ferme et l'atmosphère plus fraîche. Et puis nous n'avons point encore vu pleuvoir depuis le commencement de notre expédition, cela nous manquait vraiment. Tout de même cela dure bien longtemps, c'est une belle et bonne pluie battante ; pendant deux heures elle ne fait que croître et empirer. Avons-nous bien fait de quitter la route, maintenant que l'on voit tout juste à quinze pas et que nous n'avons ni boussole ni moyens quelconques de nous diriger ? Il y a pourtant quelques embellies, et nous profitons de la première pour nous livrer à une chasse au chacal, couronnée du reste du plus remarquable insuccès. En somme les distractions abondent peu, et nous sommes tout heureux de rencontrer un vaste douar en train de déménager. C'est chose fort curieuse que d'assister à un défilé de ce genre et de voir combien d'accessoires comporte une installation de nomades. Ne possédant ni wagons capitonnés ni la plus modeste tapissière, ils ont dû donner carrière à leur ingéniosité pour jucher sur le dos des chameaux et des bourricots leurs tentes et tout leur contenu.

Il y a notamment dans la colonne de grands chameaux caparaçonnés, balançant sur leur dos de magnifiques palanquins tout tendus d'étoffes multicolores qui attirent vivement notre attention. Que portent-ils donc de si précieux pour que chaque fois que nous nous dirigeons de leur côté les conducteurs trouvent moyen de nous distancer ? Imprudents que nous sommes ! c'est là que trônent les épouses des chefs du douar. Un émissaire détaché à notre rencontre nous en informe bientôt et nous fait observer que notre insistance et notre curiosité étant du plus mauvais goût, nous ferons sagement de passer notre chemin. Probablement que si nous n'avions sur l'épaule de bons porte-respect et ne paraissions fort peu intimidés, la remontrance n'irait pas sans quelques coups de matraque. Nous mettons à profit ce colloque pour nous enquérir du chemin et nous apprenons avec quelque stupéfaction que nous tournons le dos ou à peu près à la direction convenable.

Notre erreur corrigée nous nous hâtons de notre mieux car il nous tarde de regagner la route ; la pluie a repris de plus belle et semble cette fois ne devoir plus cesser. Une vague irritation nous envahit tous deux, et si nous l'écoutions, nous aurions vite entamé une bonne querelle. C'est ridicule d'avoir quitté la route et nous pourrions d'autant mieux nous le reprocher l'un à l'autre que nous avons été absolument d'accord pour le faire. Aussi le mieux est de nous séparer un instant et d'un accord tacite nous mettons quelques centaines de mètres entre nos mauvaises humeurs, prenant le soin de nous avertir par un coup de fusil quand nous nous perdons de vue.

Qui pourrait expliquer pourquoi un Arabe pauvre rencontrant un Européen lui demande toujours et invariablement dans le même ordre du savon, du tabac, des allumettes ? Passe pour le tabac et le feu, mais d'où vient cette soif de savon ? Seraient-ils, les malheureux, déjà les victimes des réclames rimées des frères Vaissier, et croiraient-ils que l'usage du savon va les transformer en princes du Congo ?

Justement, deux loqueteux que je trouve en arrivant à la route m'adressent les trois inévitables requêtes. Ma foi, donnant, donnant, je leur échange une pincée d'allumettes amorphes contre une douzaine de dattes , et, fier de cette trouvaille, je vais la partager avec mon compagnon. Cela remet un peu d'azur dans notre ciel et nous reprenons la marche de conserve. Comme il va être midi et que depuis trois heures et demie nous n'avons cessé de marcher, ce petit déjeuner est le fort bien venu. La première borne que nous rencontrons nous apprend que nous ne serons pas à Naamâ avant une bonne heure; pressons donc le pas.

Sous la pluie qui redouble, les bottes font merveille , mais quelle triste mine ont mes pauvres espadrilles ! Le riche vermillon dont elles rutilaient a disparu à jamais pour me teindre les pieds et les ongles; leurs souples semelles s'effilochent à chaque pas et je me demande anxieusement si elles iront jusqu'au bout.

En égoïstes que nous sommes , nous tâchons de nous consoler par la pensée des entraves que le temps doit apporter à la marche des Pépés et des tribulations que C... doit partager avec eux. Peut-être avons-nous encore choisi la meilleure part?

Enfin , voici que nous apercevons Naamâ; quelques pas encore et nous y sommes.

La piteuse arrivée que la nôtre! et quel dommage vraiment, ô Caran d'Ache ! que tu n'aies point été là pour croquer de ton spirituel crayon les binettes des deux infortunés qui, trempés, crottés, harassés, penauds, se glissaient dans la première tente rencontrée et demandaient humblement une petite place à l'abri de l'ondée et un bidon d'eau ?

— Mais, Messieurs, ne seriez-vous pas les parents de M. A... ? — Si, parfaitement. — Alors, il doit y avoir des vivres pour vous. On est venu deux fois de Méchéria vous attendre ici, et hier on a laissé une voiture avec des provisions dans le coffre; en voici la clef.

Pour imméritée et inattendue, l'aubaine n'en fut pas

moins bien accueillie et point nous ne différâmes l'inventaire de notre fortune. Dans ce coffre providentiel, une affection prévoyante avait entassé non-seulement des mets de résistance, mais encore mainte chatterie raffinée; il y avait jusqu'à de l'eau minérale.

Adieu fatigue, désespérance, mauvaise humeur, pluie battante! Foin du thon et du pain mouillé! Ce ne fut bientôt sous la tente qu'un bruit de mâchoires mettant à mal les victuailles, un tintement de gobelets sans cesse vidés et remplis et un concert de joyeuses exclamations. Si depuis 26 heures nous n'avions pris que de modestes à-comptes, la compensation fut sérieuse et entière et jamais Lucullus dînant chez Lucullus ne fit semblable chère.

Désormais c'en est fini des tribulations; pendant que nous prolongeons à plaisir notre festin, riant, toastant, trinquant avec nos compagnons de tente, on installe la mule dans les brancards et, après une dernière rasade, nous grimpons sur le siège et partons triomphalement sous un redoublement de pluie. Un nouveau plaisir nous attendait, car nous n'étions pas en route depuis un quart d'heure, que nous avions pris un excellent bain de siège, car grâce à la disposition de la conque où nous étions assis, nous plongions des hanches au coccyx dans une onde sans cesse renouvelée.

Des meilleures choses il ne faut abuser; aussi après un essai loyal et suffisamment prolongé, chacun de sauter à terre, à la grande joie de la mule dont, par la boue qu'il fait, la tâche n'est point une sinécure.

Mouillés comme nous le sommes, le mieux est de marcher; le déjeuner, du reste, nous a fait oublier la course du matin, et les six lieues qui nous séparent encore de Méchéria sont franchies à pied pour la plus grande partie, parfois même au pas gymnastique, quand le terrain étant ferme notre capricieux coursier se décide à trotter pendant quelques centaines de mètres.

La pluie cesse juste à point pour nous permettre de rentrer à Méchéria en état convenable; et, quelques instants après, séchés, changés, relingés, nous voilà retombés dans tout le prosaïsme de la vie bourgeoise. Nous nous livrons sans enthousiasme à la confection de nos valises, puisque dès demain il nous faut reprendre le chemin du Tell. Rien pourtant ne prouve que notre départ soit certain, car de notre ami C... il n'y a point de nouvelles, et un cavalier expédié aux informations rentre complètement bredouille. Enfin, comme à bout de patience et tombant de sommeil, nous allions nous coucher, voici venir **notre** excellent compagnon, que dix-neuf heures de route avec les *Pépés* n'ont point mis précisément en belle humeur. Tout en maugréant, il nous conte ses aventures et nous montre, — dernier souvenir des *Pépés,* — la note qu'il a payée pour le transport et dans laquelle, en dehors des bagages, il a été taxé pour son poids présumé à tant le kilogramme..., ni plus ni moins qu'une caisse de biscuit ou un sac d'orge.

C'en est donc fini de notre excursion, et bientôt nous roulerons vers Alger, emportant de notre promenade au grand air de la plaine, un puissant souvenir et l'âpre désir de recommencer.

Félix GAUDIN.

Clermont, juin-juillet 1886.